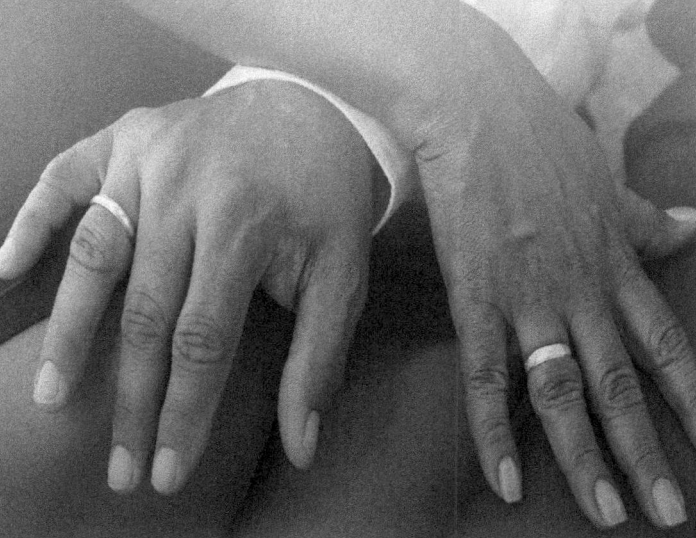

Marella Nahr-Angelica

MATRIMONIO

Te Ora Morto Separá Nos!
Tanten Bida ta Tene Nos Huntu.

Copyright ©2019 Marella Nahr-Angelica
Editá dor di: Ketsiah Nahr
Diseño i portada: Ketsiah Nahr
Fotógrafo: Achsa Angelica

ISBN: 978-1-0878-0296-1

Versíkulonan saká for di Beibel koriente.
i Beibel Santu.

Ku pèrmit di esnan ku nan potrèt ta aparesé den e buki aki.
I tambe ku pèrmit pa pone e ponensia ku kada persona a kontribuí ku ne.

Tur derecho reservá.
Sin outorisashon skirbí di su outor no por reprodusí, kopia, ni multipliká di ningun otro forma, for di e buki aki.

Importante: No tin konekshon entre potretnan di pareha i teksto.
Nòmbernan uzá ta fiktisio,
i no ta relatá na e outor.

Gradisimentu

Mi ta yama na promé lugá Dios danki ku E a inspirá nos pa por a skirbi e buki aki. Un danki di kurason pa André ku tambe a yuda den formulashon di diferente di e frasenan. No por keda sin menshoná Welton Papi Esprit, Maurina Esprit- Maduro i Donna Jansen- Pisas ku a lesa i duna nan kontribushon pa enrikesé e totalidat.

Danki na Ketsiah Nahr ku a atendé ku e parti di editá i diseño gráfiko i tambe na Luisette Kraal-Thielman, e eskritora ku a yudami kuminsá e buki i a enkurashámi na kaminda.

Tur esnan ku a duna pèrmit pa por a usa nan potrèt komo ilustrashon i inspirashon i esnan ku a duna nan testimonio of splikashon kiko matrimonio ta nifiká pa nan.

Danki pa hasi e buki aki bira un realidat!

Dedikatorio

Nos ta bibando den un époka kaminda e relashon entre e ser humano, en partikular entre e pareha, hopi biaha ta ser formá atraves di e asina yamá "social media" medionan soshal. E komunikashon personal kaminda bo ta mira i tende e persona for di inisio di un relashon ta menos presente. Konsekuentemente e intensidat di relashonnan ta ser determiná partialmente dor di nos sentidonan: mi a sinti, mi a kere, mi a pensa.

Konosiendo e outor di e buki aki, su zelo i afan pa mira speshalmente parehanan matrimonial krese i floresé den un relashon sano i bunita, mi a eksperenshá esaki lesando e kapítulonan.

E diferente kapítulonan ta repartí di tal forma, ku kada un di nan riba su mes ta bon kla pa ser apliká pa tur ku lesa i studia ku un kurason reseptivo. Un berdadero tesoro ku ta habri kaminda pa formashon, restourashon i kresementu di kada persona den un relashon. No solamente entre pareha matrimonial pero tambe entre mayor i yu, rumannan i tambe relashon di trabou.

Pesei, mi rekomendashon: tesorá e instrukshonnan ku tin nan base riba E Palabra di Dios pa relashonnan eksitoso garantisá.

Marella, mi ta orguyoso di bo. E drive ku bo tin, mi ta atmir`e den bo. Mas ahinda ku bo ta produktivo den dje pa engrandesé e Reino di Dios. Un kos mi sá; esaki ta djies e komienso i un punta chikitu di loke tin ku bini. "Sea Firme i Konstante, semper mas Abundante den e Trabou di SEÑOR, ...

Ku amor

Dr. Rinnah Esprit-Maduro, EdD, MALIC, MPE, BRE, Brain-Based Ed. (bo mama, amiga,)

Di e Outor

E buki aki ta skirbí ku e meta pa enkurashá tur persona, tantu hóben komo adulto ku ta pensa riba un posibel matrimonio. Òf pa esun persona ku no ta interesá den matrimonio i ta pensa ku nada no por konvensé pa kere den matrimonio. E lo sirbi tambe pa parehanan por reflekshoná riba nan matrimonio. Pa otronan, e ta informashon general ku ta duna un bista kiko ta matrimonio.

E motibu ku mi a haña e inspirashon pa skirbi un buki ku e tema aki ta entre otro pasobra algun tempu pasá mi a keda aserká pa mi por skirbi algu tokante e tópiko: 'te ora morto separá nos".

Den mesun temporada diferente persona hóben i adulto a lansa e pregunta den mi direkshon: kiko lo mi por konsehá ora nan konosé un persona ku nan ke sera un amistat mas íntimo ku n`e.

Nan ta ke sa kon nan por tin sigur ku den un posibel matrimonio nan lo keda kasá. I ku e desishon pa kasa ta unu bon òf lo resultá den un frakaso. Nan ke sa kon pa por haña sa ku e persona ta esun ku ta pas ku nan.

No por papia ni skirbi di matrimonio sin incluí e Palabra di Dios, ta p`esei na diferente kaminda den e buki aki ta referí bèk na loke e Palabra di Dios ta bisa.

~ **Marella Nahr-Angelica**

Kontenido

Matrimonio un diseño di Dios	1
Introdukshon	5
Un historia pa reflekshoná riba e balor di matrimonio:	7

Kapítulo 1
Kiko ta Matrimonio? 13

Kapítulo 2
Bo ta kla pa Matrimonio? 19

Kapítulo 3
Kon Skohe bo Partner? 23

Kapítulo 4
Konflikto den Matrimonio 31

Kapítulo 5
Matrimonio i Ròl i
Nesesidat di Hòmber i Muhé 37

Kapítulo 6
Matrimonio i Rísiko di Seksualidat Parotín 45

Kapítulo 7
Matrimonio i Finansa 51

Kapítulo 8
Matrimonio i Dios 57

Kapítulo 9
Matrimonio i Divorsio   63
Kapítulo 10
E Gran Dia   67
Kiko Awor?   73
Testimonio di varios persona   81

Matrimonio un diseño di Dios

E promé matrimonio a tuma lugá den e hòfi di Eden kaminda Dios a bendishoná e promé pareha. Pero ken ta e gran Diseñadó?.

Algun ingrediente ku nos mester pa mantené e kandela di e stimashon na bida ta den e Beibel nos ta haña esei. Por ehèmpel, kiko ta ferwagt di e muhé i kiko di e hòmber. E motibu prinsipal ku hopi matrimonio no ta keda para ta pasobra e Diseñadó di matrimonio ta wòrdu ekskluí for di e relashon. Dios, E ta e gran Diseñadó di matrimonio.

Nos por lesa den e buki Efesionan lo siguiente:

Sea sumiso na otro den e temor di Kristu, *"Esposanan, sea sumiso na boso mes esposo, manera na Señor. Pasobra e esposo ta kabes di e esposa, meskos ku Kristu tambe ta kabes di e iglesia, E mes siendo Salbador di e kurpa. Ma meskos ku e iglesia ta sumiso na Kristu, asina tambe e esposanan mester ta sumiso na nan esposo den tur kos. Esposonan, stima boso esposa, meskos ku Kristu tambe a stima e iglesia i a entregá Su mes p`e, pa E santifik`é despues di a purifik`é pa medio* *di e labamentu di awa ku e palabra; pa E presentá na Su mes e iglesia den tur su gloria, sin mancha ni ploi ni nada paresido, ma pa é por ta santu i sin kulpa.*

Asina esposonan tambe mester stima nan esposa manera nan mes kurpa. Esun ku ta stima su esposa ta stima su mes pasobra nunka ni un hende no a odia su mes karni, ma ta aliment`é i ta kuid`é, meskos ku Kristu tambe ta hasi ku e iglesia, pasobra nos ta miembronan di Su kurpa, di Su karni i di Su wesunan. P`esei un hòmber lo bandoná su tata i su mama, i lo uni ku su esposa; i nan lo bira un karni. E misterio aki ta grandi, ma mi ta papia tokante di Kristu i e iglesia. Asina anto, laga kada un di boso tambe stima su esposa manera su mes; i e esposa pèrkurá pa e respetá su esposo``.

Esaki ta un konseho pa parehanan realisá ku nan tin ku forma nan propio hogar sin metementu di famianan aden. Mayornan mester respetá nan yunan i permití nan forma nan bibá.

Bo tabata sa ku ta Dios a instituí matrimonio?

Introdukshon

Statistik den diferente pais ta mustra ku e ultimo tempunan e kantidat di divorsio a oumentá, tambe bou di kreyentenan.

E konklushon no lógiko ta: mihó no kasa anto. Dikon e no ta lógiko? Si algun outo di mas ekselente na mundu no ta funshoná, lo no stòp di bende nan tòg? Mas bien lo buska pa sa kiko por ta e kousa i posibel solushon.

E buki aki ta trata di duna un kontribushon pa parehanan ku ke kontraé matrimonio, por prepará nan mes mihó pa algu asina bunita i balioso. E ta tambe pa esnan ku tin un kantidat di aña kasá por para ketu i tribi di evaluá nan matrimonio i asina hasi loke ta bon bira mihó.

Pues por mira e buki aki komo un lista di chekeo òf e por ta un motibu pa profundisá. Ta nos deseo pa bin mas estudio i mas buki na Papiamentu tokante di matrimonio pasó ta un instituto ku Dios mes ke pa nos kuida.

Un historia pa reflekshoná riba e balor di matrimonio:

Toni ta kompartí ku si e tabata tin konosementu di e balor di matrimonio kosnan lo a kana otro. E la lanta serka su mayornan ku tabata hiba un bida manera otro parehanan hende grandi. Nan ta biba masha trankil, nunka no tin pleitamentu, tata ta bai traha i apénas e ta papia ora e ta na kas. Mama ta kuida kas i tin un karakter sumiso. Den e ambiente aki Toni a lanta. E famia ta masha devoto na nan misa i Toni ta sirbidó den misa.

Dia Toni a topa promé biaha ku Mila, tabata amor na promé bista. E la rekonosé hopi di e kualidatnan di su mama mes den Mila. No a tarda muchu ku nan a komprometé i a kasa. Tantu Toni komo Mila tabata hopi yòn. E promé añanan tabata un bida di felisidat ku hopi hende ta bira yalurs riba dje. Despues di 4 aña e yunan a bin un tras di otro. E tempu ku nan tabata tin pa otro a para bira tiki tiki ménos. Keirumentu a bira mínimo, ta kasi solamente misa nan ta bai huntu. Toni tabata hende ku manera trabou kaba ta kore bai su kas pa e ta huntu ku su kasá. Awor a bira ku ora Toni yega kas, su kasá ta kontinuamente atendiendo ku e yunan.

Na su trabou tur djabièrnè koleganan ta sali trabou bai happy hour.

E situashon na kas a bira asina laf, ku un di e djabièrnè nan Toni a aseptá e invitashon di e koleganan pa bai happy hour. Toni a bai ku intenshon pa keda djis un ratu i despues bai kas mesora serka su famia. Ora e la yega e bar un di su koleganan, Diana, a aserk`é i nan a kombersá masha ameno ku otro i tambe nan a baila un par di piesa, pasa hopi prèt. Toni a bebe un par di serbes i tambe algun bebida di meks. Su kabes a kuminsá bira pisa i e la pensa ku awor si ta ora pa bai kas.

Diana a pidié si Toni por dun`é un left paso esun ku a bin ku n`e no ta kla pa bai ainda. Toni a pensa tòg ta riba kaminda pues no mester ta problema. Diana ta un mucha muhé yòn masha kokéta. Ora ku nan a yega na e kas Diana a puntra si Toni por yud`é habri e porta di kas. E porta ta di palu anto dor di áwaseru e porta a reis i ta hopi duru pa habrié. Toni a baha for di outo un tiki ta zeila pa bai yuda Diana, ora e porta a habri Diana a nota ku Toni ta mané kos ku ta bai kai. E la tene Toni i gui`é hiba pa sinta riba un sofa. Diana a lòs e dashi di Toni pa e por haña airu i djei tur kos a kuminsá.

E influensia di alkohòl a hiba Toni na akshonnan ku nunka lo e no a pensa di hasi.

No a keda na esun dia aki so. A bira ku hopi regularidat Toni ta sali kas i regresá hopi lat. Mila a kuminsá reklamá e kambio ku tin den su esposo pero nada'n kambia. Al kontrali a bira pió. Ya Toni tabata muchu enbolbí den e relashon ku Diana. Un dia un prima di Mila ku ta biba banda di Diana a yama i a pone Mila na altura ku e ta mira Toni ta bishitá e kas di Diana ku hopi frekuensia.

Na momentu ku Mila a konfrontá Toni ku esaki, no a keda nada otro pa Toni sino di aseptá ku ta bèrdat. Mila a piki su kosnan i tambe di e yunan i a bai serka su mayornan. Algun luna despues divorsio a keda reglá i Toni a laga Diana bin biba serka dje na kas. Diana ta un dama ku tin 15 aña mas yòn ku Toni. E la kustumbrá ku fiesta i dibertishon. Toni a pensa ku ora Diana bin biba serka djé, e lo stòp ku paranda i ku lo e por forma un famia ku Diana. Pero esei no tabata e kaso. Mas i mas tin diskushon entre nan dos. Despues di 2 aña Diana a disidí ku e la topa un yònkuman di su edat i ku e ta bai ku n'e.

Toni a keda atras ku hopi doló. E tabata sufri pasobra e no ta por a komprondé ta kon bini e ta den e situashon ei. Un dia ku e yunan a bin di bishita nan a konta Toni ku algu masha grandi ta bai sosodé i ku nan no ke pa Toni tende di otro hende i rabia. Nan a saka un karchi di invitashon pa un kasamentu. Ora Toni a mira e nòmbernan riba djé e no ta por a imaginá kiko e ta lesa. Mila ta bai kasa, e no por kere e kos ei, anto ta e siguiente dia kaba. E mester bai wak ku su mes wowonan. Siguiente dia Toni a bai kranshi i ku awa na wowo e la para mira su Mila ta drenta huntu ku un otro hòmber. Úniko kos ku Toni por a bisa den su mes ta: e hòmber ei tin suèltu di por a haña un muhé manera Mila.

Toni a pensa: "mira kon mi ta tin tur kos ku mi ta deseá den mi esposa i mi yunan``.
Falta di konosementu a pone ku e la tuma desishon nan robes. E ta tin ehèmpel di su mayornan pero no ta tin kombersashon i konseho ta bin di nan parti ni di niun otro hende. Toni ta pensa ku kisas ta su mes falta ku ora kambionan a bin na kas e mes no a aserká niun hende pa konseho.

Pará den Kranshi ku tur su tristesa i arepentí pa e desishon nan malu ku e la tuma, hopi rekuerdo ta bin ariba. Direpente e la kòrda un anékdota ku a sosodé un dia ku Mila, su kasá. Toni ta gusta kome sosèshi. E la ripará ku Mila tur biaha ta kòrta e punta nan di e sosèshi kita afó. Toni no ta por komprondé e motibu. Ora e puntra Mila e ta haña komo kontesta ku ta asina e la mira su mama ta hasi semper. Un dia ku nan tabata di bishita serka e mama di Mila, Toni a disidí di hasi e pregunta kiko ta e motibu pa kual e mama tabata kòrta e sosèshinan su punta afó.

E mama a kuminsá hari, i a kontestá: 'e motibu ta ku nos panchi tabata chikitu i e sosèshinan no ta pas aden ta p`esei mi tabata kòrta e puntanan afó". Toni a bira wak Mila, pasobra nan panchi si ta unu grandi pues no tabatin niun motibu pa kòrta e puntanan kita afó.

Mas Toni kòrda riba e kosnan aki, mas e ta yora." Mira`ki kon un desishon robes a pone mi pèrdè loke ku mi tabatin i awor un otro ta gosa di mi Mila". Lástima ku den bida no tin un kònòpi ku yama: "rewind"!

Moral di e testimonio aki ta:

1. si Toni a siña kiko ta e balor di matrimonio
2. i kon resistí tentashon ku bin riba su kaminda
3. i sa kon pa dil ku e kambio den e situashon di su esposa, e historia di Toni lo tabata unu diferente.

Pero den skol i hopi biaha na kas norma i balornan di matrimonio no ta haña e atenshon ku e meresé. Toni sigur a siña su lès di un manera ku e no ta deseá ni su pió enemigu.

Bo tabata sa ku Dios ta Dios di amor?

Kapítulo 1
Kiko ta Matrimonio?

Bo a soña na chikitu ku un dia lo bo ta bistí na blanku ku un belo i kola largu, den un fiesta grandi ku e gai di mas dushi banda di bo? Bo a soña ku bo ta selebrando den un fiesta ku un bolo di batrei grandi huntu ku tur bo famia i sernan kerí? I despues abo i bo esposo ta bai luna de miel den un krusero romántiko? No ta mucha muhé so ta soña. Mucha hòmbernan tambe ta soña ku un mucha muhé bunita, ku kara, kabei i kurpa di Barbie of manera tin hòmber ta bisa 'ku ko`i tene`. Tantu e mucha muhé komo e mucha hòmber ora nan ta chikitu ta soña ku nan lo kasa i biba felis pa semper manera ta mira den novela, película òf den sprokje.

Bo ta soñando ainda? Òf bo ta manera e personanan ku a lanta for di soño i ta kere ku ta fantasia e kosnan aki ta? Kiko a kambia bo pensamentu? Podisé bo a mira rondó di bo hopi infidelidat, maltrato, divorsio i esaki ta hiba bo na otro pensamentu pa ku e posibilidat pa bo mes kasa un dia.

Laga nos ban wak awor kiko ta e berdadero nifikashon original di matrimonio.
Matrimonio ta bin di e palabra Latin matrimonjum. Si nos parti e palabra den

dos, nos por yega na matr, ku ta matris(=mama) i monium ku ta nifiká un derechi. Un splikashon pa e kombinashon di palabra por ta: derechi di matris òf derechi di por sali na estado. Pues derechi pa e matris funshoná konforme su propósito. P`esei den masha hopi kultura muhé tin hopi bèrgwensa si nan no por haña yu. Ta lamentabel ku lugá di mira salimentu na estado komo un derechi, awendia tin hende ku ke mira aborto komo un derechi. Di kada 1000 muhé entre 15-45 aña na Kòrsou 50 ta kometé aborto. Un di e kosnan ku a yuda trese maldishon den nos pais. Esei ta djis pa nos por tin un bista.

Otro splikashon por ta tambe ku e palabranan: matrem muniens", por keda interpretá komo: defensa, protekshon di mama.

Mas tantu bia den boka di pueblo ta duna e siguiente nifikashon na e palabra matrimonio: e union entre un hòmber i un muhé. E union aki den hopi pais ta ser seyá dilanti di un trahadó di registro sivil i òf tambe dilanti di un lider spiritual. Na algun pais afrikano por ehèmpel no tin nesesidat di e matrimonio na registro sivil, esta Kranshi.

Ku sierto ritualnan e matrimonio ta wòrdu seyá i esei ta sufisiente. E union aki ta un pakto ku e hòmber ta sera ku e muhé; ántes tabata sera paktonan ku salu. Awendia ta hasi uso di renchi, kadena i otro ophetonan ku ta duna prueba di e pakto será.

Un enlase matrimonial ta hiba e pareha na sierto deber, derechi i di mes tambe na responsabilidat. Ta bon pa bisa ku den nos lei na Kòrsou tin 153 artíkulo den Burgelijk Wetboek 1 (BW1) kuminsando for di artíkulo 30 ku ta trata matrimonio.

Deber: tantu e hòmber komo e muhé debe otro rèspèt, fieldat, protekshon, ayudo i sosten (wak BW1 artikulo 81). Nos por lesa mas di esaki den e kapítulonan ku ta sigui.

Derechi: meskos ku e hòmber i e muhé kada unu tin deber, kada un tin derechi tambe. Algun derechi ku tin den matrimonio ta:

1. Derechi pa yunan por tin mama i tata legalmente.
2. Esposo i esposa tin e monopolio den otro su bida seksual.
3. E pareha tin derechi riba tur propiedat di otro (si ta kasa sin kondishon).
4. Derechi di por ta su mes, di por ekspresá su mes ku libertat, i di siguridat.

Di otro banda e responsabilidat ta tambe di tantu e hòmber komo e muhé ku mester ta soltero i sin tin kompromiso ku un otro persona. Kada un tin un aktuashon responsabel pa ku e famia ku nan a skohe pa forma i naturalmente kada un persona tin e responsabilidat di kuida otro.

Na momentu ku dos persona drenta den e boto matrimonial ta komo si fuera dos nashon ta bin huntu. Kada nashon ku su mes tradishon, moral i kustumbernan. Esei ta nifiká ku e dos personanan no ta meskos pero kada un tin su propio kuadro di referensia, kada un ta parti di un nètwèrk. Mester por tin espasio pa esei.

Tin hende ta para ketu na e lèternan tri mei-mei den matrimonio. Nan ta mira ku ta un laso entre tres persona; no ku un otro hende hòmber òf un otro hende muhé pero e di tres persona ta Dios E Tata mes.

Niun hende no mester tin miedu di matrimonio. No ta pasobra tur hende rondó di bo no ke kasa òf tin mal eksperensia ku a resultá den divorsio, ta nifiká ku bo tambe ta bai malu. Kòrda ku esun ku bo a drenta matrimonio ku n`e no ta abo. E ta otro hende, e tin otro karakter, otro personalidat i esei ta di respetá i aseptá. No trata na kambia e otro. Meskos ku bo no ke pa e otro trata na kambia abo. E úniko ku por kambia hende ta Señor i e hende mester ta habrí pa por kambia.

Na Kòrsou meskos ku na otro paisnan un matrimonio pa lei (wak artíkulo 30 BW1) ta bisa kla ku matrimonio ta entre hòmber i muhé. I ta un akuerdo di bida entre un hòmber adulto i un muhé adulto ku tin konsekuensia pa por ehèmpel e fam, e deber di mantenshon, akshonnan legal, herensia i relashon pa ku yunan. Naturalmente esaki ta konta pa e matrimonio ku hende skohe pa sera dilanti Dios tambe.

Bo tabata sa ku e meta mester ta bo deseo pa hasi e otro felis?

Kapítulo 2
Bo ta kla pa Matrimonio?

Tira un bista den e lista aki: e preguntanan aki ta yuda kada persona individual pensa pa su mes si e ta kla pa drenta den e boto matrimonial.

1. Bo ta stima Dios riba tur kos?

2. Bo ta stima bo próhimo manera bo mes?

3. Bo ta stima bo mes?

4. Bo ta kla pa laga lòs for di bo bida komo soltero?

5. Bo ta kla pa karga responsabilidat di un famia?

6. Bo ta kla pa kompartí bo kurpa ku un otro persona?

7. Kiko ta bo pensamentu tokante uso di sèn?

8. Si bo kasá laga su paña tirá abou, kon lo bo reakshoná?

9. Kiko bo ta pensa di kosnan di hasi den kas, bo so ta hasi nan òf bo ta ferwagt esei di bo kasá tambe?

10. Bo a yega di gaña esun ku bo ta forma amistat ku n`e, ku otro hende?

11. Kiko bo ta pensa tokante hañamentu i kriamentu di yu?

12. Kiko ta bo pensamentu tokante religion, boso mester ta di mesun filosofia?

13. Bo sa pensa riba bo relashonnan anterior, bo sa pensa riba frei bieu?

14. Kiko bo ta hasi ku bo fantasia seksual òf ora bo soña ku sèks ku un otro pareha

15. Kua ta e áreanan ku bo ta haña ku abo i bo futuro kasá mester tin en komun?

16. Kon bo ta reakshoná ora bo ta rabiá òf ora tin un konflikto?

17. Ki tipo di pensamentu i sintimentu ta bin serka bo ora bo pensa riba e dia grandi?

18. Bo ta habrí pa konseheria promé bo kasa i durante bo matrimonio?

19. Bo vishon di matrimonio ta kuadra ku esun di bo futuro kasá?

20. Bo sa pensa ku ora bo kasa bo ta kambia bo kasá?

21. Bo sa di un pareha kasá ku ta un inspirashon pa bo?

Bo tabata sa ku amor ta surpasá tur kos?

Kapítulo 3
Kon Skohe bo Partner?

Ku ken mi mester kasa? Kon mi por sa ku e hende aki ta esun ku ta bon i ta pas pa mi?

E promé kos ku ta bon pa para ketu na dje ta, ku e intenshon òf ekspektativa mester ta: AMI ta bai Hasi e Otro FELIS. I No ku ta e otro ta hasi bo felis. Hopi biaha e hende ta drenta relashon ku un ekspektativa ku e ta spera ku mesora ta konkretisá.

Tin algun tèst por ehèmpel ku ta duna stapnan pa por sa si e persona ta esun ideal pa kasa ku n`e. ("https://www.wikihow. com/Find-the-Right-Partner-or-Spouse`)

Tene semper na kuenta ku e tèst ta unu general i e tèst ta un indikashon pa bo. Importante ta pa tuma tempu pa konosé e persona. Tin un dicho ku ta bisa: 'sòpi pura ta sali salu`. ('Si no tin saber di algu, zelo tampoko n` ta yuda; sòpi purá ta sali salu.` Proverbionan 19:2)

Mi esposo i ami ta selebrá 25 aña di matrimonio. Nos a desaroyá un programa di 5 stap ku por yuda esnan ku ta pensa pa kasa un dia. Esnan ku a lesa i a sigui e stapnan aki ta komentá ku nan ta kontentu di a risibí

algu ku por a yuda nan den e proseso pa yega na matrimonio. Na hulandes nos ta yama nan e "5 V" nan i na papiamentu 5 "S". Pa e hendenan ku ya ta den matrimonio ta bon pa nan reflehá riba e stapnan aki i sigui inbertí den e relashon.

Sinku stap, un man yen.
Despues di e sinku stap, man di e hòmber i e muhé ta djòin otro i ta tene otro den direkshon pa un futuro bunita huntu. Den e promé 4 stapnan lo bo riparáku sèks no ta tuma lugá ainda. Sèks ta algu èkstra pa den matrimonio. No mester kambia e sekuensia pero mantené boso kurpa pa entregá esaki na otro despues di e seremonia matrimonial. Beibel no ta papia di sèks pero di konosé otro (Géneses 4:1, 5:1) Konosé ta para ei nan pa un relashon intimo. Pues pa nos yega na loke nos ta papia di sèks nos mester tin un konosementu íntimo ku otro ku ta kolma den un relashon intimo.

E sinku S ta lo siguiente:

1. SONDIA (Verkennen): E idea di e S (òf V) aki ta ku bo ta habrí pa topa hopi
persona di e sekso opuesto sin ta dirigí ainda riba un persona so. Na momentu ku bo bista a kai riba un hende òf un persona di e otro sekso kapta bo atenshon di un otro manera otro for di normal, bo ta kuminsá buska informashon ken e persona ta,

sea serka konosínan òf serka e persona mes.

2. SERA AMISTAT (Vriendschap): konosé ken ta e persona su amigunan, sali huntu den grupo di konosínan i famianan. Bon temporada pa opservá e otro.

3. SEÑALÁ e interes ku tin pa e otro (Verkering): Boso tur dos a kuminsá ripará ku boso ta sinti algu èkstra pa otro, e konosido barbulètènan tei presente. Boso ta tuma un desishon i papia ku otro tokante e direkshon ku boso ta deseá pa e relashon bai i e deseo pa algu mas serio.

4. SERA KOMPROMISO pa drenta matrimonio (Verloving). Akinan boso ta pone mayornan, of "voogd" i tambe (si bo tin) pastor na altura. Si e relashon ku e personanan aki ta salú ya nan sa kaba di boso relashon pero no di e desishon ku boso a tuma. Kuminsá prepará pa e gran dia.

5. SEYA e relashon ku un bendishon den forma di un promesa na Dios i na otro (Verbintenis).
Awor ta momentu pa intimidat total (sex=un sintimentu èkstra). Tene na kuenta ku e echo ku no tin sèks den e promé stapnan, no ta pa kastigá e pareha.
Ta simplemente pa kuida otro di un relashon ku ainda tin chèns di terminá ya ku no tin nada sigur ainda.

Den tur e 5 stapnan, komunikashon ta esensial. Train pa no asumí pa e otro pero papia i hasi pregunta kaminda mester. Evitá di reakshoná riba tur kos i no diskutí pòrnada. Siña soportá i tambe siña pordoná. I hasta si bo hasi tur e kosnan aki lo por tin desakuerdo i nuamentu.
Sea e promé pa drecha ku e otro. Mantené pas mas tantu ku ta dependé di bo. No laga solo baha riba bo rabia. Skohe kontinuamente pa aseptá ku por tin sufrimentu. Tene semper den mente i den kurason ku: Amor ta surpasá tur kos i ku e promesa ta: te ora morto separá nos! Pesei, Stima, Soportá, Sufri i Sigui Stima (5 S).

Sòpi pura tin chèns di sali salu. Kualkier sea e motibu pa kual un hende lo tin deseo pa drenta den un relashon duradero ku e meta "te ora morto separá nos", ta bon pa tuma tempu pa konosé otro. Esei, si a kaso ta di bèrdat ta deseá un relashon serio. Awendia nos ta biba den un mundu kaminda tur kos ta bai purá purá "instant milk, fast food, 24/7, awó awó", tur ta ekspreshonnan diario den kua por mira esaki. Ta p`esei kada ken mester kuida su mes pa e no bai kai den e fluho ei.

Un relashon mester di un bon fundeshi. P`esei ta nesesario pa tuma e tempu pa den trankilidat konos`é otro. Tin sierto parti nan ku adelantá un hende por mira, i

otronan ku ta den "kas" por konosé di otro.
Tin un konosido kansion ku ta bisa: "take
time to know her, it`s not just an overnight
thing". Matrimonio ta pa bida, no ta kos
pa un ratu.

E siguiente preguntanan ta hopi balioso i lo
yuda bo den bo eskoho si bo analisa nan ku
un kurason habrí.
Ken e hende ta, ora e ta ku su amigu i òf
famianan,
Kon e ta trata su mayornan?
Kiko su koleganan ta bisa di dje?
Ta un hende ku ta mantené su mes na su
promesanan? Mantené na su palabra ya
mester konta kaba, kuantu mas mantené na
un promesa asina importante.
Ta un hende ku ta amoroso, fiel i ku ta yuda
i kuida otro?
E por papia over di su debilidatnan?

E preguntanan aki no por keda kontestá den
un par di dia òf un par di ora djis despues di a
konosé otro na un fiesta. Klaro ku bo no por
konosé un hende kompletamente tampoko
pero manera bisá anterior kaba, mas tempu
bo atendé ku un hende mas mihó impreshon
bo por haña di e persona. Pasobra ki ta bale
la pena pa kuminsá ku un relashon i despues
mester haña duele di e konsekuensia ku por
resultá di ta fèrfelu.

Mihó bo ta bo só, ku mal kompañá ku un hende violento òf un hende sin rèspèt. Kòrda ku bo no ta kos di hunga ku n`e. Òf bo ta pensa ku e ta kambia ku tempu? Keda sobrio: komportashon, aktitut i karakter no ta kambia riba un komando. Si abo mes no ta respetá bo mes, niun hende no ta respetá bo. Trata otro manera bo ke pa otro trata abo.

Tin un gran variashon ora ta trata di skohe un partner. Serka sierto kultura, ta famia ta skohe ku ken nan yu ta kasa. Tin hende ta pensa adelantá ku nan lo kasa ku un persona ku tin un nivel di edukashon haltu i/o un nivel sosial mas haltu ke nan mes. Finansa tambe sa hunga un ròl ora ta skohe un partner. E partner ke sierto stabilidat finansiero i lo pone esaki komo un punto importante ora ta skohe e persona pa kasa ku n`e. Kualkier sea loke ta mové bo pa skohe, kòrda ku ta algu pa bida e ta i niun di e kondishonnan aki no ta un garantia ku bo matrimonio lo tin éksito. Rèspèt, fieldat i stimashon i grasia di Dios ta importante pa e éksito di un matrimonio.

Meskos ku e sinku S (stapnan), tin tambe un piramide ku Welton Papi Esprit a desaroyá.

Aki bou bo por sigui e diferente stapnan ku ta rekomendabel pa dal, promé ku drenta matrimonio.

Tur esaki ta sirbi komo ayudo na momentu di hasi un eskoho.

Atrobe, mester tene semper na kuenta ku esaki ta algu ku ta yuda.

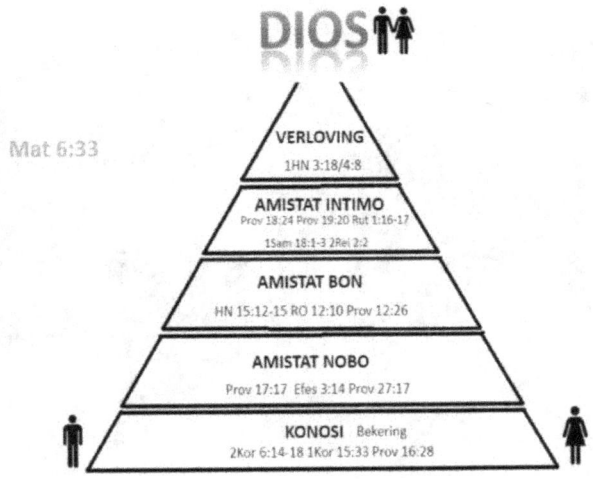

(Verloving mester bira "Kompromiso" den e triangulo)

Bo tabata sa ku den matrimonio e pareha no tin mester di kompetí ku otro?

Kapítulo 4
Konflikto den Matrimonio

Tur pareha ta topa ku momentonan di sea un malkomprondementu, un diskushon òf algu mas serio ku por resultá den un konflikto. Tin 7 punto ku lo por yuda pa bo si bo tene kuenta ku ne den kaso di konflikto. Aki ta sigui 7 punto ku ta bon pa tene na bista ora tin konflikto:

1. Realisá ku ta normal ku por tin diferensia di opinion. Boso dos ta diferente i konsekuentemente tin diferente personalidat i karakter. Esaki ta loke ta pone ku boso por tin diferente manera di pensa.

2. No mira e otro komo bo enemigu. Korda ku ta bo kasá (1 karni) i semper tin solushon pa tur diskordia.

3. Mantené bo kalmu ku kabes friu i un kurason kaluroso. Kòrda ku no nesesariamente ta abo tin rason.

4. Evitá gritamentu, menasa, reproche i insulto. Mayoria biaha hende ta grita pa purba pone énfasis i mustra e otro ku té ta robes. Dominio propio ta masha importante den e momentunan di problema. Kada unu

skohe pa hala rosea i praktiká dominio propio. Menasa ni insulto no ta yuda trese solushon pa e loke ku ta e diskushon. Keda na e tópiko i no bira personal. Si bo esposo(a) ta grita, menasá i insultá, no kai den e trampa di hasi meskos ku n`é. Ora paga malu ku malu ta kosechá mas malu. Mi tin sigur ku no ta esaki bo ke sembra. Evitá (of mihó bisá nunka) trese bèk tópiko i kosnan bieu ku ya a diskutí riba djé.

5. Trata e otro manera bo ke pa trata bo. No hinka niun famia den boso diskushon. Palabranan di maldishon manera: "bo ta mané bo mama òf mané bo tata" no ta yuda ora tin desakuerdo.

6. Sea abo e promé ku ta pidi diskulpa i drecha kos mesora. No nua i keda rabiá. Maske kon heridá bo emoshon (alma) òf kurason ta, no krea distansia. Wak un bon momentu pa bo ekspresá kon bo a sinti bo den e diskushon ei.

7. Kòrda ku no ta KEN tin rason ta konta pero KIKO ta lo KOREKTO pa hasi. Boso no ta den un kompetensia pero den un konbibiensa. Tampoko ta "powerplay" tin, pa wak ken ta mas fuerte.

Huntu ku esei, amor ta enserá un kariño i afekshon profundo pa e otro persona, un interes sinsero i un sintimentu di ke rekonsiliá. Di otro banda, yalursheit, orguyo, komportashon indesente, egoismo, rabia, resentimentu i renkor ta demostrá un falta di amor.

E karakterístikanan negativo ei hopi bia ta stroba na
momentu ku tin konflikto. E amor ku nos ke kultivá "no ta
buska su mes interes. (1 Korintionan 13:4-8).

Amor ta un yabi hopi importante ora tin konflikto. Si kada persona reflekshoná i wak pa su mes kiko e por a hasi otro, esaki lo yuda resolvé hopi situashonnan di disgusto of rabiamentu. Kiko bo por a hasi otro den e sentido di no husga e kaso ku a trese e konflikto ku emoshon pero ku un mente pa rasoná i un kurason di pordoná pa motibu di amor.

Aunke no ta fásil pa komprondé amor, E Palabra di Dios (Beibel) ta deskribí sí kon nos por demostrá esaki. Por ehèmpel, Beibel ta bisa ku amor "tin pasenshi i ta bondadoso." Ademas, e "ta alegrá ku loke ta bèrdat," i e "ta wanta tur kos, kere tur kos, spera tur kos, soportá tur kos."

Huntu ku esei, amor ta enserá un kariño profundo pa e otro persona, un interes sinsero i un sintimentu di ke rekonsiliá. Di otro banda, yalursheit, orguyo, komportashon indesente, egoismo, rabia i wardamentu di renkor ta demostrá un falta di amor. E karakterístikanan negativo aki hopi bia ta stroba na momentu ku tin konflikto. E amor ku nos ke kultivá "no ta buska su mes interes." (1 Korintionan 13:4-8).

Den Beibel nos ta mira kon Apòstel Pablo ta urgi nos pa: "Imitá Dios, komo yunan stimá, i sigui kana den amor, meskos ku Kristu tambe a stima boso i a entregá su bida pa boso." (Efesionan. 5:1, 2)

Ki or por bisa ku "nos ta sigui kana den amor? Nos ta "sigui kana den amor" ora nos ta demostrá e kualidat akí den tur aspekto di nos bida. Nos ta hasi esei no ku palabra so sino tambe ku nos akshonnan. E ta un akson kontínuo. Bo no por tòp. E Palabra di Dios ta mustra ku den e buki di Huan ta skirbí: "Yunan stimá, nos no mester stima ku palabra òf ku boka so, ma ku echo i ku bèrdat." (1 Huan 3:18)

Na momentu ku nos ta kana den amor pa Dios i pa nos próhimo, nos lo komprondé nos esposo (a) mas mihó. Ademas, nos ta kana den amor ora nos ta demostrá pasenshi, ora nos ta bondadoso i ora nos ta pordoná otronan. Beibel ta konsehá nos: "Meskos ku Dios a pordoná boso, boso tambe mester hasi meskos. (Kolosensenan 3:13).

Hopi bia bo ta tende hende bisa: "mi ta

pordoná pero lubidá NUNKA!'". Djis keda kòrda ku ta Abo ta keda pegá na e renkór, pasobra probablemente e otro lo a sigui ku su bida kaba i no ta ni na altura ku bo tin e tené na kurason. Pero nos no mester konfundí e amor di kurason ei ku sentimentalismo. Un esposo(a) ku di bèrdat ta stima su kasá lo ta sinsero i te asta severo kuné ora ta nesesario. Di e mes manera, Dios ta amor, pero "esun ku Dios ta stima E ta disipliná." (Hebreonan 12:6)

Ora nos ta kana den amor, nos lo duna disiplina tambe ora ta nesesario. (Proverbio 3:11, 12) Klaro, ora nos hasi esei, nos mester kòrda ku nos tambe ta pekadó i por tin e posibilidat di hasi algu sin demostrá amor. Hopi biaha e temperamentu di e persona ta kousa di konflikto. Esaki ta trese ku ne pues, ku tur hende tin áreanan den kua por duna mas amor.

No ta den matrimonio só ta surgi konflikto, sino tur kaminda ku tin interkambio ku hende, esta na otro trabou, kas, i den famia. Pues no pensa ku ta algu di bèrgwensa, al kontrali buska pa atendé e konflikto boso mes ku otro. Si no yega na un solushon semper por buska hende di konfiansa ku por yuda boso. Si ainda no a yega na un solushon, semper por akudí na instansianan profeshonal ku por duna konseho kon pa solushoná e konflikto. En todo kaso e punto krusial ta pa semper buska pa yega na solushon!

Bo tabata sa ku no ta bon pa bai drumi rabia ku otro?

Kapítulo 5
Matrimonio i Ròl i Nesesidat di Hòmber i Muhé

Tin un historia ta konta ku dilanti di Dios tabatin dos fila di hende hòmber pará. Dilanti kada fila tabatin un bòrchi. Un bòrchi ta bisa: hòmbernan ku semper a dominá nan kasá. I e otro bòrchi ta bisa: hòmbernan ku nunka a dominá nan kasá. Tras di e promé bòrchi tabatin miónes di hòmber pará i tras di e otro bòrchi tabatin solamente 1 hòmber pará. Un di e hòmbernan ku tabata pará den e otro fila a puntra esun hòmber ku tabata pará su só, dikon e ta pará den e rei ei? E hòmber a kontestá: "mi no tin un idea, ta mi kasá a pone mi para aki nan".

E historia aki ta pone hende hari pero e ta tristu pasobra ta sigur ku no ta esaki ta e intenshon di e ròl ni di e muhé ni di e hòmber. Tin un otro ponensia ku hende sa usa, esta ku Dios no a krea e muhé for di e hòmber su kabes pa e no manda riba e hòmber, ni for di su pianan pa e no trapa riba dje pero for di su zei, pa e por ta pará banda di dje. Pues un kompañera.

Si nos tira bista den e Beibel, nos ta mira ku den Génesis 2:23-25 Dios a krea hende: Ela krea homber i muhé. (Nifikashon pa hòmber

Ish(Ish= hòmber grandi i poderoso (great, mighty man), esposo (husband). Nifikashon di muhé, Isha: saká for di e hòmber i ta para pa kompañera.

Den Gŭnesis 2:18 Dios ta bisa e hòmber ku E lo dun`é un "ezer"esta ayudante.

Despues ku Adam i Eva a kometé piká i e huisio, Adam a duna su kompañera e nòmber Eva, ku ta nifiká dunadó (òf kargadó) di bida. Si nos keda den e Beibel nos ta mira ku Dios a krea hende segun Su imágen i semehansa. Pa Dios no tin distinshon den Su kreashon. Pero sí Dios a duna diferente ròl òf diferente funshon na kada un.

Na sierto pais e kultura ta duná ku ta hòmber ta disidí i muhé no tin nada di bisa. Si nos kué un pais manera Saudi Arabia, ta den aña 2018 hende muhé a haña pèrmit pa por kore outo. Tin paisnan ku por ehèmpel ainda hende muhé no ta permití ni pa vota.

Importante ta pa promé ku kasa ya por determiná ken ta hasi kiko. Tin kultura ku ta pone e muhé komo un ser ku no tin bos i tin ku ta sumiso na e hòmber. E muhé su opinion no ta konta. E tei pa kushiná i kuida di e yunan. Hopi biaha hende ta usa Beibel pa bisa ku e hòmber ta kabes di kas. I ku ta é tin ku disidí tur kos.
Bèrdat, Dios su propósito ta pa e hòmber ta

lider di su kas (1 Korintionan 11:3; Efesio 5:23). **Beibel mes ta deskribí e liderazgo aki komo unu amoroso i no un ku ta oprimí, malusá òf menospresiá e famia. E liderazgo di e esposo mester ta konforme e amor ku Hesus á i tá demostrá e iglesia. Ta un amor ku sa di pordoná, ta dispuesto pa pordoná i no ta kondená, konforme** (Efesionan 5:25-26).

Den 1 Korintionan 11:3 nos por lesa ku Dios ta na kabes di Kristu, Kristu na kabes di e hòmber i e hòmber kabes di su muhé. Kier men hòmber, si bo no ke permití Kristu ta bo kabes, dikon abo si ke ta kabes di e muhé?

Hòmber no mester aktua manera un diktador. Muhé di otro banda no mester sinta riba stul di e hòmber. Esposo i esposa huntu mester komuniká pa por yega na desishonnan ku ta bon pa henter e famia.

Proverbio 18:22 **ta bisa:` Es ku a haña un esposa, a kai den bon: el a risibí muestra di Dios su bondat`. Bo ta kapas di kuida i duna e muhé e lugá ku e meresé? Puntra bo mes si di bèrdat e ta un regalo den kua bo por tin goso. Pasobra si ta asina, lo bo tin deseo di ta huntu ku n`e tur ora.**

Bo ta kòrda dia bo tabata chikitu, kon bo tabata keda hunga konstantemente ku esun regalo ku bo a haña dia bo a hasi aña? Un regalo ku bo a deseá di tin i bo a risibié. Bo

ta sintá na skol i bo ta pensa kaba kon ora bo yega kas, mesora bo ta bai busk`é pa hunga ku n`e. E regalo ta asina presioso i di gran balor pa bo. Kuantu biaha bo mayor no mester a stòp bo di hunga ku n`e i ku doló na bo kurason bo mester a pone e regalo un banda pa sea bai kome, traha tarea di skol òf hasi un respondi? Asina tantu goso e regalo ta trese pa bo!. Awèl, asina tambe mester ta ku e regalo ku ta bo esposa(o). Stimé, apresié, duné kari o i deseá pa tur momentu bo por ta huntu ku né.

Den e buki di Kanto di Kantonan 2:3-6 e dama ta bisa di e kabayero: `*Un palu di apel entre palunan di mondi, t`asina mi amor ta kompará ku e otro mucha hòmbernan. Mi tin gana di sinta den su sombra! Esta dushi su fruta ta smak! El a hiba mi su bodega, kaminda su bandera ta bula, bandera ku 'Amor` riba djé. Hasi lihé, bola di rasenchi mi ke, pa bolbe duna mi kurpa energia i apel pa sasia mi set, pasobra amor ta mata mi. Su brasa robes ta bou 'i mi kabes, esun drechi ta primi mi den su kurpa*`.

E muhé ta rekonosé ku e hòmber ta speshal i ku e ta risibí protekshon, onor i tambe amor serka djé. Di e forma aki e ta kla pa someté su mes na su hòmber. Tokante e muhé ku mester ta sumiso na su esposo: bèrdat e Palabra di Dios ta bisa ku e muhé mester someté su mes na su esposo. I ku e hòmber ta su kabes. E muhé no mester sinti su mes ménos pa e motibu aki. Al kontrali, sinti bo mes protehá, pa esun ku ta na kabes di kas.

Den nos tempu moderno e konsepto di ta sumiso ta zona antikuá. Emansipashon di muhé por ehèmpel ta mustra ku esaki ta hasi e hende muhé un esklabo. Keda tene na mente ku e loke ta mas importante di matrimonio ta "Bon Komprondementu". No ta nifiká ku e muhé semper mester bisa "si" riba tur kos. E muhé tin mag di tin su punto di bista meskos ku e hòmber.

Pues, hasi tur esfuerso pa aktua komo un tim den e matrimonio. Ora nos papia di tim, kòrda ku den un tim di futbòl tin 1 kapitan. Tur hungadó ta aseptá loke palabrá ku e kapitan. Den matrimonio e homber tin e ròl di kapitan. E muhé ta e korona di su kasa, pues e ròl di e muhé ta di hopi importansia. (Proverbio 12: 4)

Tantu e hòmber komo e muhé tin nesesidat. E hòmber i e muhé ta diferente den asina tantu kos i riba e tereno di nesesidat tambe. Tin biaha e pensamentu tei i ta aparentá ku e hòmber ku su múskulonan no tin nesesidatnan sensibel. Al kontrali, tantu e hòmber komo e muhé tin nesesidatnan propio. Ta bon pa remarká ku sensia a deskubrí ku no solamente e parti pafó di e hòmber ta diferente for di e muhé pero tambe den e siguiente órganonan: selebre i kurason.

Laga nos ban wak algun di detaye básiko ku e muhé tin nesesidat di dje:
1. Sinti su mes balorá, stimá, apresiá pues ku e hòmber ta dun`é elogio ku regularidat
2. Mas demostrashon di kariño pa por yega na plenitut seksual. E muhé ta un ser sensibel. Tene kuenta ku e kurpa di e muhé ta otro formá.
3. Ekspresá su mes. E muhé ke papia, semper e tin kos di konta. Dun`é e espasio aki.
4. Ser fiel. Muhé en general ta hopi fiel. E ta spera e mesun fieldat di su esposo.
5. Sinti su mes protehá, ku su kas ta un lugá sigur pa è i su famia.

E hòmber di su banda tin nesesidat tambe:
1. E hòmber ke sinti su mes respetá y apoyá. E ke pa su esposa ta di djé i ku e lugá ei niun hende no por tuma, ni e yunan.
2. Pa e hòmber sèks mester sosodé ku frekuensia; no ta nada straño pasobra e parti íntimo di e hòmber ta pafó i vulnerabel pa hopi "prikkel".
3. Mayoria hòmber no ta papia hopi. E ke pa e muhé komprondé i konosé su nesesidat.
4. Hòmbernan tambe ta fiel, nan ke pa e muhé ta atraktivo i semper para kla p`é.
5. Pa e hòmber, kas ta su palasio, su lugá di sosiegu, un kaminda ku e por eksperensiá pas.

E loke ta deskribí aki ta ròlnan di prinsipio. Naturalmente por sosodé ku situashonnan por pone ku e ròlnan ta sheft. Un ehèmpel ta den kaso di malesa òf fayesimentu kaminda e muhé por ta tuma e ròl di e hòmber òf kaminda e hòmber ta haña ta tuma ròl di e muhé pa un temporada.

Den práktika tur matrimonio ta haña nan mes karakter i semper bai por usa e prinsipionan aki pa ahustá kaminda mester.

Bo tabata sa ku sèks ta un sintimentu èkstra speshal pa matrimonio?

Kapítulo 6
Matrimonio i Rísiko
di Seksualidat Parotín

Sèks ta un relashon físiko íntimo, un ekspreshon privilegiá i plasentero di amor. Nos tur ta konsiente ku ta algu speshal i importante. Sèks por ta un sintimentu èkstra of un sufrimentu èkstra. Promé ku tur kos ta bon pa sa ku e atrakshon seksual ta normal. Hende meskos ku otro kriaturanan ta wòrdu atraé pa e sintimentu i deseo aki. Na di dos lugá, e ta é kaminda ku e pareha sin tin bèrgwensa di otro, ta entregá nan mes ku goso un na otro. I na di tres lugá, pero no menos importante e ta e forma ku por duna bida na otro ser, esta na yunan.

Pues, nos no por stòp nos kurpa di ta atraé na otro ya ku esaki ta algu natural. Nos hormonanan ta e outor di e atrakshon aki. Siensia ta indiká ku sèks ta mara hende huntu tantu emoshonal, mental, físika komo sikológikamente. Aki siensia ta kolaborá ku Beibel ku nan dos lo bira un (Gŭnesis 2:24). Loke por pone aserka den e sekuensia aki ta ku sèks ta mara e dos hendenan aki tambe spiritualmente huntu (1 Korintionan 6:16 & 7:39).

Un biaha mas dikon no por tin sèks promé

ku matrimonio. Wèl t`asina ku na momentu ku dos kurpa topa otro na un stap muchu prematuro esaki ta stroba e personanan pa por traha riba un amistat desente. Ta simplemente pa kuida otro di un relashon ku ainda tin chèns di terminá ya ku no tin nada sigur ainda i esaki tampoko no ta kuadra ku Dios Su Palabra.

Pasobra Relashon Seksual o Konosementu di otro íntimamente ta pa Matrimonio. Tur relashon seksual pafó di e matrimonio ta kategorisá komo fornikashon konforme E Guia di Bida. Awendia e pensamentu ta ku ta normal pa tene e akto seksual sea ta kasa òf nò. Diferente persona tin múltiple partner seksual sin tene kuenta ku edat òf estado sivil. Esaki ta bin dilanti den pelíkula, i tambe den komunidat.

Eksodo 23:2 **ta bisa:** "No sigui e mayoria den nan maldat". E echo ku hopi hende ta biba nan bida sin tene kuenta ku prinsipionan bíbliko no ta pone ku no tin konsekuensia pa bo i otronan.

Ora ta traha riba un amsistat, nunka duda den e poder di pashon. Boso tur dos lo sinti boso mes viktorioso i satisfecho den boso kurason, ora boso logra dominá e deseo pa satisfasé e karni. Bo kurason ta e sentro di bo ser, e fuente kaminda tur kos ta sali afó.

Skohe pa no daña algu ku por ta bunita, pasobra despues di a duna bo kurpa, ta kiko mas tin pa duna? Pero si un hende hòmber i

un hende muhé skohe pa resistí e tentashon di mishi ku otro su kurpa, nan tur dos lo sinti e viktoria despues. E deseo pa bira unu lo oumentá sigun nan dos ta spera e gran momentu. "No lanta amor muchu tempran", esaki ta un parti ku bo por lesa den Kanto di Kantonan kapitulo 4.

Tene relashon seksual promé of pafó di matrimoio tin riesgo mará na dje. Algun rísiko ku tin ora tene sèks promé òf pafó di matrimonio:
1. Sèks pafó di matrimonio tin tambe komo posibel konsekuensia ku tantu e hòmber komo e muhé por haña un malesa venériko. Esaki por yega na kousa te asta morto. Mester tene semper na kuenta ku esaki ta konta pa e hende ku no tabatin e malesa promé ku a drenta matrimonio.Tambe por resultá ku esun ku a haña e malesa ta haña rabia riba esun ku a peg`é. Na Kòrsou tin indikashon ku gastu di remedi pa kada un pashént di AIDS ta 150.000 Naf pa aña. No ta solamente AIDS, pero tambe malesa nan manera Ghonorea, Syffilis, Drep etc ta fasil pa pega ku ne. Dependiente di e grado di e infekshon e por hiba na da o di organonan i tin biaha asta na morto.

2. Hopi biaha e sekuensia di e stapnan manera menshoná den kapítulo 2, ta wòrdu di bòltu. Hopi lihé por ripará ku e interés den e yònkuman pa ku e dams i viceversa ta

47

baha ora ku tene sèks muchu lihé. Den beibel tin un ehèmpel kaminda un mucha hòmber tabatin hopi deseo den un mucha muhé. Na momentu ku e deseo aki a wòrdu satisfasé e mucha hòmber a haña rabia riba e mucha muhé.(2 Samuel 13:15).

3. Den sierto kaso tin uso di diferente medio i artíkulonan, por ehèmpel droga òf pòrnografia durante e akto di sèks. E pregunta ta surgi: i ta bon pa kada persona puntra su mes "kon nesesario e medio i artíkulonan aki ta pa un matrimonio próspero?" Hopi biaha e loke ku ta mira den buki òf pelíkula ta puru fantasia i no e realidat. I tambe e chens ta grandi ku ta kambia e uso natural di sèks pa un no natural.

Tin hende ku ta bisa ku mester pruf pa sa si e otro ta bon. Si bo ta pensa asina e ora ei kiko lo bo hasi ora ku bo pruf anto e smak no ta di bo agrado, kiko lo ta e solushon? Lo ta na su lugá pa investigá e kurason i mente pa sa kiko e meta i konsekuensia presis di e prufmentu ta. Pashon i amor no ta meskos. Hende su amor por fria, pero su pashon tin tendensia di kima i sigui kima. Ta pesei e matrimonio tei pa kontrolá e konsenshi, protehá amor i pone pashon sirbi amor i no pèrmití pashon haña rienda suelta.

E influensia riba sèks den nos komunidat ta

hopi grandi. Bo drenta un supermarket, restorant, un wega di deporte òf bo lesa korant bo ta topa ku propagandanan ku tin e tendensia seksual. Te asta den bo kas ta hopi difísil pa tene e propaganda nan afó, ya ku televishon i internét ta yen di nan. Dams i kabayeronan ku masha tiki paña bisti òf ku ta hasi gestonan hopi sensual. I esaki no solamente ora bo ta wak pelíkula pero te asta ora tin notisia.

Tin sierto kultura ku e tata ta hiba su yu hòmber serka un muhé pa e por konosé kiko ta seksualidat. Esaki ta un práktika ku ta kompletamente kontra e boluntat di Dios.(1 Korintionan 6:15-18)

Unabes ku e stapnan korekto a wòrdu siguí i e momentu di intimidat ta aserkando, ta hopi importante pa invitá e Diseñadó di matrimonio pa ta presente den e parti aki. No solamente pa E tei riba dia di e enlase matrimonial pero tambe durante henter e bida matrimonial. E ta e úniko di tres persona ku ta permití di ta den e matrimonio. Pues seksualidat tin su lugá den matrimonio i no ta algu ku no ta puru.

Bo tabata sa ku ora bo kasa bo ta disfruta di tur e bendishonan ku Dios a dispone pa boso?

Kapítulo 7
Matrimonio i Finansa

"Loke ta di mi ta di mi, loke ta di bo ta di bo". Ta esaki ta bo opinion i pensamentu? Of abo ta pensa i opiná di otro forma?

Pa loke ta trata asuntu di finansa tin mas ku un mira riba esaki. Tin hende ta bisa ku for di ora e pareha bira un karni, tur kos ta bira di otro. Pues tur entrada ta di e pareha. E pareha ta palabrá pa nan tin un kuenta riba kual ta depositá tur entrada i tambe ta usa e kuenta ei pa loke mester paga.

Otro pareha ta yega na e akuerdo pa kada un keda ku e kuenta di banko ku kada un tin pero ta skohe pa habri un kuenta ku ta esun riba kual nan ta pone un montante mensual i di esei ta hasi pagonan. Tin mas forma ku un pareha lo por skohe pa atendé ku e parti finansiero: por repartí e gastunan i kada un ta paga sierto di nan.

Loke ta bon pa tene semper na bista ta ku awó ta un famia nobo tin. Kada un mester ta di akuerdo i komprondé ku e bida promé no por kontinuá meskos. Niun di dos no por hasi su propio boluntat pa ku gastamentu di sèn. Semper konsultá ku otro pa loke ta trata finansa.

Ora un pareha disidí pa drenta e boto, lei ta duna e posibilidat pa kasa den komunidat di bienes ("binnen gemeenschap van goederen") of for di komunidat di bienes ("buiten gemeenschap van goederen"). E konsepto di "den komunidat di bienes" ta nifiká ku tur lokual ku esun pareha tin ta pa nan dos, kontrali na "buiten gemeenschap" ku ta enserá kada hende ta keda ku loke e tin riba su nòmber. Por ehèmpel: si e hòmber tin 10 kas, e hòmber ta keda doño di e kasnan aki, i e muhé no ta bira doño huntu ku e hòmber.

Esaki ta bira importante na momentu ku tin un divorsio òf fayesimentu. Den kaso di "binnen gemeenschap", tur loke ku tin promé, i ku generá durante matrimonio ta wòrdu parti entre e dos personanan. Esei ta nifiká tantu debe komo entradanan.

Kontrali na "buiten gemeenschap" ku kada debe i ganashi ta riba kada hende su nòmber. E ta zona masha kompliká pero ta bon pa papia i tene kuenta ku tur esaki promé ku drenta den e boto.

Si bo ta bai kasa na Hulanda, tene kuenta ku for di mart 2017, lei a kambia i a lo siguiente a drenta ofisial na vigor den 2018. Kasamentu na lei ta enserá ku tur hende ta kasa bou di kondishon ku tur loke kada ken tin promé ku matrimonio ta pa e persona so. Si akaso pareha ke kasa ku repartishon di bienes, e ora ei mester regla esei via di un notario.

No ta un sekreto ku diskushon kontínuo tokante finansa ta pone un preshon enorme riba e relashon. Asuntunan ku ta trata sèn por resultá asina problemátiko ku e matrimonio por sufri daño ireparabel. Durante un sondeo parehanan ta mustra ku finansa ta hopi biaha e problema number 1 entre e hòmber i e muhé.

Finansa ta kousa di un gran kantidat di divorsio. Tòg e informashon aki no mester spanta personanan ku tin intenshon di kasa òf personanan ku ya kaba ta den matrimonio i ta konfrontá problema. Tin hopi stap ku parehanan por tuma pa por evitá ku e problema finansiero por eskala i pone ku mester tuma desishon di separashon.

Pues sea bo ta pensando ainda òf ya bo ta den e relashon matrimonial, kòrda ku si boso mes no por sali afó por aserká un eksperto ku por duna konseho. Ta importante pa e hòmber i e muhé posishoná nan mes habrí den un kombersashon asina.

Algun detaye ku por tuma na kuenta pa yuda aliviá òf pa evitá preshon pa motibu di situashon malu di finansa ta:

1. Traha un presupuesto. Mester tin na bista kiko e entrada i gastunan di e famia ta. Esaki lo yuda tene uso di sènnan bou di kòntròl.

2. **Spar.** Pone tur luna un tiki sèn un banda ku por usa ora di urgensia. Sembra den abundansia: ora kos ta bon ta sabí pa spar un tiki i no gasta tur kos.

3. **Buska konseho di un eksperto promé ku e situashon eskalá.** Na momentu ku ripará ku boso mes no ta sali afó, no tarda. Huntu boso por aserká un persona òf instansia pa yuda yega na un bon akuerdo ku tur hende tin pas ku n`e.

4. **Si resultá ku problema finansiero lanta kabes den e matrimnio no tarda pa papia ku otro** i si ta nesesario, pone yunan aserka pa yega na loke ta desishon ku mester tuma pa atendé e problema. Tin algun aktividat òf kompranan ku kisas lo mester kòrta den dje pa trese balanse i trankilidat bèk.

5. **Sea kreativo ku e finansa ku tin disponibel.** Algun ehèmpel: si boso ta kustumbrá di bai afó tur aña, buska alternativa den pais mes. Na lugá di kome afó tur siman, limitá esaki na un biaha pa luna. Na lugá di yunan tuma komo kustumber bai ku sèn skol òf si e pareha mes ta bai ku sèn pa kumpra kos di kome na trabou, drecha kos na kas pa bai ku n`e.

Komo pareha i sigun e famia ta krese ta bon pa para ketu na e aspekto bibliko ku duna ta miho ku risibí. Loke bo sembra lo bo kosechá. E ta konta pa loke ta trata e finansa tambe. Riba e pregunta: " kiko duna? ". Papia ku otro i skohe huntu kon por duna di boso tempu, di boso finansa i di boso kariño na Dios i esnan rondó di bo.

Bo tabata sa ku ta importante pa bo tin bo finansa reglá promé bo drenta matrimonio?

Kapítulo 8
Matrimonio i Dios

Ta masha importante pa e pareha hasi orashon huntu tur dia. No ta importante kon largu e momentu ta pero tur dia. Orashon no ta algu pa e hende muhé so pero pa e hòmber tambe. Wak un momentu ku tur dos ta disponibel i dispuesto pa por lesa e Beibel i di e forma ei haña sabiduria pa mantené e matrimonio bibu.

Manera nos a lesa mas ariba, e idea di matrimonio ta bin di Dios. I Dios ta amor (1 Huan 4:8) òf (1 Huan 4:16).

Ta interesante pa nos ta na altura i para ketu ku ta eksistí 3 tipo di amor:

1. Amor storge/sturgo: amor pa famianan, pa rumannan i yunan.

2. Amor fileo: ta e amor fraternal, inkluyendo amistat i afekshon. Ta e deseo di ke apoyá, stima i soportá un hende. Ta e sintimentu ku hende tin pa su amigunan.

3. Amor eros: esaki ta e amor romántiko, ku ta deseá, ku ta buska satisfakshon seksual. Dios a krea e sintimentu aki di manera ku por tin un deseo físiko fuerte di un pa e otro.

Un sintimentu ku ta keda ekspresá den e delisia di disfrutá di seksualidat den matrimonio entre hòmber i muhé.

4. Amor ó gape: e amor di tipo inkondishonal kaminda ku e persona en kuestion solamente ta interesá den e bienestar di e persona ku e ta stima.

Tur e 4 tipo di amornan aki ta nesesario den un matrimonio. Amor eros ta e amor ku mester tin un pa otro den matrimonio, huntu ku e amor fileo, storge y e amor ágape.

Matrimonio ta rekerí entrega total: kompromiso, fidelidat, y amor sobrenatural. Si un di e amornan aki ta falta, tin chèns grandi ku por bin problema i ku asta e matrimonio por terminá den divorsio. Esaki pasobra falta e base ku ta pone ku por soportá ora tin un tormenta, desakuerdo, òf konflikto.

Divorsio ta un palabra ku lastimamente no por keda afó ora ta papia di matrimonio. Matrimonio no ta modelo ku hende a inventá manera algun hende ta pensa. Dios a krea hende di un forma úniko ku ta pone ku e hòmber ta sinti su mes atraé na e muhé i e muhé na e hòmber. Tambe di un manera milagroso nan ta komplementá otro.

Lesa Proverbio 30:18-19 P`esei ta Dios ta esun ku por uni den un matrimonio ku ta duradero, kaminda e hòmber i e muhé ta bira unu. E pareha mester keda alerta i kuida su matrimonio: inbertí den otro i no aseptá ni permití niun hende penetrá drenta meimei di boso.

Lesa Mateo 19: 5-6 **Algun fariseo ku ker a laga Hesus kai den trampa, a bini serka djE i puntr`É:** '*Un hòmber mag divorsiá di su kasá pa kualke motibu?" Hesus a kontestá nan: 'Boso no a lesa ku na kuminsamentu, Kreador a krea nan hòmber i muhé?.*
I El a bisa: "*P'esei un hòmber ta bai laga su mama i su tata pa uni ku su kasá i nan dos lo bira un."Asina nan lo no ta dos persona mas sino un. Ke men hende no mag separá loke Dios a uni den matrimonio.*`

Si akaso mes ta parse manera e komunikashon ta frus, saminá bo mes promé. Hasi bo mes e preguntanan aki i kontesta nan ku sinseridat:

Mi ta skuchando mi kasá ku atenshon?
Mi ke pa e skucha mi i ami mes ta skucha ora e ta papia?
Mi sa papia ku Dios tokante e relashon?
Mi sa hasi orashon pa mi kasa?
Nos dos ta hasi orashon huntu pa pidi Señor pa e relashon?

Si akaso esei no ta asina ainda, ta rekomendabel i di gran prioridat pa introdusí esaki den e matrimonio. Anto si ta hasi esakinan kaba, anto no tin duda ku siguransa ku e praktiká aki ta eksperensiándo bendishon. Dios ke ta enbolbí den kada matrimonio basta e pareha permití. Matrimonio ta Dios a krea, ke mèn E sa mihó kon ta e manera pa kosnan por kana na òrdu.

Bo tabata sa ku rèspèt ta un prinsipio pa eksito di matrimonio?

"Bo tabata sa ku tin diferensha entre serebro di hende hòmber i muhé"

Kapítulo 9
Matrimonio i Divorsio

Den e kapítulo anterior a menshoná ku te asta ser kristian no ta garantia ku e pareha ta keda huntu. E echo ku dos persona ku a drenta matrimonio ta diferente, ta pone ku chèns ta grandi ku nan ta klèsh hopi ku otro, prinsipalmente den kuminsamentu.

Den nos propio matrimonio tambe nos a eksperensiá den kuminsamentu diskushon ku tabata bira hopi fuerte. Ora nos a para ketu na kiko tabata e motibu di e diskushon aki, mayoria biaha ta e diferensia kon kada un a lanta den su propio famia. Marella a lanta ku su mama i su rumannan (sin tata presente). E rumannan kada un a sali fo`i kas sea pa bai kasa òf studia. Marella ku su mama so a keda na kas. No tabatin hopi tarea di kas di hasi, por ehèmpel kos di kibra pa laba. Kada ken tabatin su propio kòpi i tayo ku bo ta laba mesora ora ku bo kaba di usa esakinan. Esaki kontrali na André, ku sí a kustumbrá ku e ta usa kada bes un otro glas, kòpi òf tayo. Konsekuentemente André no ta hañ`e nesesario pa laba nan mesora. Esaki tabata trese hopi iritashon serka Marella, ku na su turno, ta kousa diskushonnan.

E pleitamentu nan a stòp ora kada un di nos

a realisá ku ta bon pa duna otro espasio. Di mes ta awó nos a kaba di kasa i biba huntu den mesun kas, i mester kustumbrá ku otro. Ya ku divorsio no ta un opshon pa nos, nos a siña di dil ku nos diferensianan. Atrobe mester menshoná ku no ta fásil, pero e echo di skohe di ke ta ku e otro ta pone ku ta someté un na otro. Ta aki tambe e famoso frase a bin na eksistensia: "anders is niet persé verkeerd", mihó bisá "hasi algu na un otro manera i logra mesun meta no ta robes", òf "otro no ta nifiká robes");

Ta di mas bisa ku Esun ku a instituí matrimonio mes ta bisa ku E a krea hòmber i muhé pa nan bira unu den matrimonio. I ku E ta odia divorsio. Ora E la bisa e kos aki e ta referí na motibunan robes ku algun hòmber tabata uza pa divorsiá nan kasa. (Maleachi 2:16)

Un separashon temporal por Preveni un divorsio.

Tin biaha e situashon di diskushon i diferensia ta bira asina alarmante ku intervenshon ta inevitabel. Den un kaso asina, ta bon pa separá pa un tempu pa evitá ku esun por hasi daño ku no por drecha mas. Den kaso di separashon ta rekomendabel buska konseho i guia serka otronan ku por ta di gran yudansa. Evitá papia ku hendenan negativo ku mesora lo bisa ku mester divorsio.

Lei ta permití divorsio sigur ora tin maltrato i peliger pa e otro. Dios ta bisa ku ta adulterio ta un motibu pa divorsio.

Konseho ta keda semper pa purba tur forma pa mantené e matrimonio bibu pa evitá divorsio. Divorsio no ta hasi daño solamente na e pareha mes pero si tin yu enbolbí esaki ta un shòk i un sla ku hopi biaha ta dura pa varios aña.
Ora Hesus a bisa "nan ta bira un", e pregunta ta keda si un desishon humano por kibra loke Dios a hasi un.

Korda esaki: hamas un pareha riba rudia sklamando Dios pa SOLUSHON a yega na divorsio.
Keda pará riba pia muestra di orguyo, hopi bes a kaba ku nan alegria i krea pesadia pa henter e famia

Bo tabata sa ku ser kristian so, no ta garantia pa un matrimonio eksitoso?

Kapítulo 10
E Gran Dia

Aparte di skohe fecha pa e gran dia, tin diferente otro aspekto ku ta di sumo importansia. Un konseho ta, pa traha un guion òf "draaiboek" kaminda den dje ta bini tur loke ta deseo ku e personanan ku ta bai drenta e boto tin.

Un anékdota:

Un pareha a kuminsá papia tokante e gran dia. E dama ku ta un persona ku ta hopi bon den organisá a tuma su tempu traha henter e programa i bin ku esaki serka e kabayero. E kabayero a tuma e guion i a bisa: 'mi no ta mira mi parti den loke ku tin aki den". E dama a komprondé e ora ei ku no tabata un bon desishon di sinta skirbi e programa su so pero ku ta bon pa tur dos ta enbolbí ora ta planea.

Den e guion ta bini entre otro eskoho di lugá pa tantu e seremonia sivil komo esun di iglesia. Tambe eskoho unda ta tene e resepshon, modèl di karchi di invitashon, ken ta wòrdu invitá, ken ta e sirbidónan i mas importante e budget.

Tene kuenta ku no nesesariamente mester kasa luhoso. Un kasamentu simpel por ta hopi bunita. Trata pa smak di e pareha ta e loke ta resaltá. Hopi biaha famianan ke partisipá. Esei no ta un problema. Laga e dia aki ta e dia di mas bunita i inolvidabel di bo bida.

Un di e partinan ku ta nesesario pa tin bon entendimentu riba dje ta e eskoho di testigu, padrinu i madrina. Kasamentu na Kranshi, pues pa lei, ta pidi pa bini ku por lo mínimo 2 testigu.

Padrinu i madrina ta un kustumber kultural/religioso pa kasamentu ku ta tuma lugá na iglesia. E pregunta hopi biaha ta ken i kon mi mester skohe?

Un tep pa por tene kuenta ku n`e ta: E hende ku mi ta skohe pa testigu mester ta sigun lei, un persona ku tei pa duna guia i konsehá e pareha. Meskos ta konta pa e padrinu i madrina. Puntra bo mes si bo ta permití e hende "mete" den bo bida. Bo ta mira e persona komo un modelo. Ta bon pa e ta un hende ku ta un ehèmpel pa bo i bo futuro kasá.

Tambe ta bon ku e persona tin e mesun filosofia di bida ku boso pasobra imaginá bo ku boso no ta kere den divorsio pero e testigu, padrinu òf madrina si ta kere den esei. Ora tin kualkier konflikto e konseho pa divorsiá hopi lihé lo por bin riba mesa.

Tantu e brùit komo e brùidehòm mester por tin espasio pa skohe hendenan ku nan tin preferensha pe, i huntu yega na e desishon final. Si mayornan ta na bida, i tin bon kontakto ku nan, e ora ei ta bon pa duna nan e onor pa hiba e brùit i e brùidehòm altar.

Ora disidí ku ta bai kasa, mester hasi un petishon na Kranshi. E petishon aki ta konosí komo "duna man"(ondertrouw).

Lei na Kòrsou ta bisa ku mester kasa na Kranshi ku ta matrimonio sivil, promé ku por kasa na misa. Pues mester sera e matrimonio sivil promé. Pa e matrimonio sivil, por disidí tambe pa hasié na un otro lokalidat ku no ta e edifisio di Kranshi, dimes teniendo kuenta ku reglanan vigente.
Na momentu ku disidí riba kua fecha ke kasa, mester tene kuenta ku lei na Korsou ta bisa ku mester tin mínimo 2 siman entre e fecha ku a "duna man" i e fecha pa kasa.

Pa "duna man" por hasi esaki maksimo 1 aña promé ku kasa. Pues pa por kasa, lei ta eksihí lo siguiente:

1. Tur 2 persona mester tin 18 aña òf mas. Persona ku ta entre 16 i 18 aña mester di pèrmit di mayor pa por kontraé matrimonio. Bou di 16 aña mester di pèrmit di minister di hustisia.

2. E persona ku bo ta bai kasa ku n`e mester ta di e sekso opuesto.

3. Niun di e 2 personanan no tin mag di ta kasá i mester tin prueba por eskrito ku tur dos ta soltero.

4. No ta permití pa kasa ku un famia di sanger direkto, por ehempel yu propio, ruman, mayor, wela/tawela, nietu, pues ku niun famia di sanger.

5. No ta permití pa obligá un persona pa e kasa.Tantu pa lei komo dilanti Dios, ta importante e parti di deber i derechi. E dama i e kabayero debe otro rèspèt i fieldat.

Esaki ta un frase ku ámtenar na Kranshi i esun ku ta bendishoná e pareha semper lo usa. Esei ta muestra ku rèspèt i fieldat ta di sumo importansha. Lei no ta tolerá abusu seksual ni doméstiko. Pues e loke lei ta preskribí pa matrimonio ta meskos ku loke e Beibel ta menshoná.
Pa mas informashon por konsultá ku página di gobièrnu di Korsou.
Riba Internet tin diferente modèl di guion. Semper por pone òf kita afó. Sòru pa tur kos ta bon kla ("duidelijk") pa esun ku ta fungi komo guia i planeadó di matrimonio ("wedding planner").
Riba e dia mes mayoria biaha e pareha kada un ta apartá su mes for di e kabayero.

Rekomendabel ta pa laga tur loke ku tin di aber ku e preparashon di e resèpsi den man di un persona di konfiansa (=weddingplanner). Sòru pa ta kla pa yega tantu na e kasamentu sivil i esun religioso i e resèpsi na tempu.

Despues di e fiesta, ta yega e momentu ku e pareha resien kasá lo ta nan so. Sea nan ta bai un luna de miel òf nò, echo ta ku e momentu a yega pa intimidat.
Pa parehanan ku ta drenta den matrimonio bírgen, ta bon pa risibí konseheria riba e parti di seksualidat. Mester tene kuenta ku otro riba e tereno aki tambe.

Bo tabata sa ku sabiduria a traha su kas, un kas ku shete pilá?

Kiko Awor?

Nos a tuma desishon i nos ta den matrimonio. Kon pa tene e matrimonio na bida? Kon tin ku sigui? I awor, kiko?

Manera tur lokual ku ta bibu mester di mantenshon pa keda na bida, asina matrimonio tambe mester di kuido. Tantu kuido personal di kada persona, komo kuido di un pa otro. Bida lo trese hopi kos ku n`e ku no tur bia ta prepará pe.

Tur matrimonio ta kuminsá ku hopi entusiasmo i un selebrashon grandi. Huntu ku famianan, amigunan i konosínan kada pareha ta drenta yen di speransa den nan bida huntu. Pero e kaminda pa un matrimonio felis no ta unu fásil. E kantidat di kasonan di divorsio ta alarmante. Esaki ta pone ku hopi hende tin miedu di dal e stap pa drenta den matrimonio. E miedu aki konsekuentemente, ora un pareha ta kasá i tin konflikto, hopi lihé ta pensa riba divorsio.

No ta hustu ku ta pone e motibu di divorsio na e echo ku den matrimonio un dado momentu trabou, karera profeshonal of kualkier otro faktor, pues tira falta riba e echo ku no tin tempu pa otro.

Ku komunikashon ta importante a lo largu tur dos persona ta konsiente di esei. Loke ta kousa e frialdat entre dos persona hopi bia ta falta di konfiansa i tambe orguyo. Falta di konfiansa ku e otro lo tende i komprondé kiko e sintimentu òf e situashon ku esun ta pasando den.Orguyo di no ke baha kabes pa aseptá e problema òf di pordoná e otro. Si pordoná ta nifiká duna un oportunidat nobo i kuminsá di nobo, anto mester di un kurason kompasivo pa aseptá e otro, no opstante su fayonan. Mester di sabiduria i dominio propio pa konstruí atrobe.

Tin un kantidat di programa, buki, revista i charla ku ta mustra riba e importansia di komunikashon. Stima otro ta un desishon pa inbertí den tempu pa otro, den pordoná tur ora pues den komunikashon sano i hustu.

Si esaki ta sosodé normalmente i tòg e relashon no ta keda firme, e problema lo ta algu ku mester di atenshon mas profundo. Pareha tin ku konfesá un na otro kiko e ta sinti, eksperensiá i pasa aden. Sinseridat ta konta den kuminsamentu i ta keda den tur e añanan ku ta huntu. Tur problema tin solushon!

Di mes tin kambio ta tuma lugá den hende su sistema di pensa i den hende su kurpa. Segun hende ta desaroyá su kuadro di referensia por kambia. Na midí ku edat ta subi e kurpa ta kambia tantu físikamente komo mentalmente. Hende muhé ta drenta den estado di menopousa i e hòmber den andropousa, ku tur e konsekuenshanan ku esakinan por trese ku ne. Preshon di trabou tambe por trese strès na kas. Yunan ku ta krese por pone ku e atenshon un pa otro ta menguá. Tur e puntonan ariba menshoná tin solushon pa nan.

Mantené e matrimonio sano dor di, Para ketu i analisá.
Den relashon matrimonial tantu e hòmber komo e muhé mester keda alerta i skèrpi. Por sosodé ku na trabou òf via media sosial sierto relashon ku e otro sekso ta nase. Si ta un relashon sano, póne bo kasá na altura. Fo`i momentu ku e relashon ta unu sekreto, ku bo esposo(a) no por sa di dje, e intenshon ta robes. Kuida bo mes i kuida bo pareha. Bai bèk na boso promé amor. Kiko bo a gusta di bo kasá. E kurpa? Si e hañamentu di yu a deformá e kurpa ku bo a namorá di dje òf e múskulonan ku a hala bo atenshon no tei mas, kòrda riba e loke bo a sinti pa e persona. Amor: bo ta respetá e otro i bo ta deseá pa bai e otro bon i bo ta anhelá di ta den su kompania.

No stòp di desaroyá e 5 pasonan ku nos a mira den kuminsamentu.
1. Sondia (Verkennerij): E idea di e v òf s aki ta ku bo ta habri pa topa hopi persona di e sekso opuesto sin ta dirigí ainda riba un

persona so. Ora bo bista a kai riba un hende of un persona hala bo atenshon di un of otro manera. Bo ta kuminsa buska informashon ken e otro ta, sea serka konosínan òf serka e persona mes. Tambe ora yunan kuminsá bini. Kòrda ku no mester reakshoná riba delaster un kos ku ta sosodé otro for di e forma ku abo lo a aktua.

2. Sera Amistat (Vriendschap):
den matrimonio no mester tin sekreto. No tin nada ku bo por konta un otro hende ku bo no por konta bo esposo(a).

3. Señalá e interes ku tin pa e otro (Verkering): keda mustra interes den bo kasa. Te ta di bo, i abo di dje. Tantu pa kombersashon personal, pa atendé kualkier situashon i tambe pa boso relashon seksual. Laga sa kiko bo ta gusta i kiko no.

4. Sera kompromiso pa drenta matrimonio(Verloving): bo ta kòrda kon entusiasmá bo tabata ora bo ta tabata prepará pa boso kompromiso, ki dia bo a bai delaster biaha riba bo rudia i ofresé bo kasa un regalo, esaki ta pa e kabayero. Pero e dama meskos, sigui demostrá kariño na bo esposo (a).

5. Seya e relashon ku un bendishon den forma di un promesa(Verbintenis).
No solamente riba dia di aniversario pero

tur momentu ta bon pa renobá boso SI na otro. No stòp di bisa bo kasa kuantu bo ta stim`é i demostrá amor na dje. Trese alegria, si boso a kustumbrá hasi wega ku otro no stòp. Al kontrali stimulá esaki.

Den tur e 5 pasonan, komunikashon ta esensial. Huntu ku e 5 pasonan, algun rekomendashon pa evitá mal komprondementu (mal komunikashon) den boso relashon:
- Train pa no asumí pa e otro pero papia i hasi pregunta kaminda mester.
- Evitá di reakshoná riba tur kos i no diskutí pornada.
- Sea e promé pa rekonsiliá, drecha ku e otro.
- Mantené pas mas tantu ku ta dependé di bo. No laga solo baha riba bo rabia.
- Skohe kontinuamente pa aseptá ku por tin sufrimentu, pues skohe pa stima.

Si kualkier sintimentu bini ariba, no keda sin kompartí esaki ku bo kasá. Te asta si bo mira un hende i bo wòrdu atraé seksualmente, papia esaki ku bo kasá. Den hopi kaso e sentimentu di soledat ta drenta. Rechasá esaki pasobra e ta un sintimentu ku ta destruí. E ta un mentira i ta hiba na destrukshon di matrimonio.
Sea abo esun ku ta buska rekonsiliashon. No warda riba e otro. Mantené pas tantu ku ta dependé di abo. No sali kas rabiá ni drumi rabiá. Lo ta hopi tristu ku ora bo topa bèk

ku bo kasá, e ta morto. Imaginá bo ora bo a bira bo lomba bai, algu a pasa ku e la fayesé òf mainta ora bo lanta e ta morto banda bo den kama. Ta lat pa pidi pordon òf pa pordoná. P`esei, ta importante pa atendé diskushonnan i yega na un solushon. (tur biaha un di boso mester tin rason. Mi no a komprondé e pida frase aki)

Por último kòrda: si bo kasá ta atendé òf aktua di un otro forma for di abo, esaki no ke men ku e forma ta malu òf robes. No ta abo su pensamentu òf akshon ta e úniko ku por ta korekto. Korda riba e lema:'Anders is niet verkeerd!" , of mihó bisa otro no ta nifika robes!

Bo tabata sa ku orashon ta loke ta uni hende?

"Bo tabata sa ku diferensha di kultura no mester ta un opstákulo den matrimonio"

Testimonio di varios persona

"Kiko Matrimonio ta nifikó pa abo?"
Roxanne Stuart-Koeyers
Mi kasa ta mi bendishon di mas grandi. Atraves di tempu mi a bin komprondé e propósito ku Dios tabatin pa a permití mi konosé na e momento ku e la hasié. Mi a konosé mi kasa na un hasimentu di aña di mi amiga. Despues di un aña nos a kontakto otro i e la invitá mi pa bin Iglesia i konosé Kristu. Esaki a tuma su tempu i Señor a forma nos i pone nos para firme pa sirbié huntu di henter nos kurason 7 aña pasa. Si mi mester skohe di nobo lo mi bolbe kasa ku e mes un kabayero aki. Mi ta su yudadó i mi ta pas ku n`e, huntu nos ta unu den tur sentido di palabra kaminda amor ta surpasá tur kos. Un kasa bendishoná ku ta balorá mi i respetá mi. Un matrimonio felis i duradero semper ta di tres. Dios abo i bo pareha paso un kordon lora tripel no ta kibra lihé.

Si bo ta deseá na kasa buska Dios i laga E mustra bo e persona ku e la destiná pa bo kasa ku n`e. Semper bai buska konosementu tokante matrimonio. Señor a krea e hòmber i e muhé kaminda e hòmber lo bandoná su tata i su mama i lo uni ku su esposa. I nan lo bira unu segun Génesis 2:24. Matrimonio ta algu hopi importante pa Señor i ta representá Kristu i su iglesia. Esun ku ke forma un hogar i famia mester dal e stap di fe i kasa. No ta importá bo edat ni sirkunstansia deleitá bo mes den Señor i E lo duna bo e deseonan di bo kurason.

Charissa Felipie-Margarita
Mi a konosé mi kasa na su kas en konekshon ku kasamentu di mi tanta. E ta yu di e señora ku mi mester a bai hasi kabei serka dje. Nos tabatin 12 aña e tempu ei. Si mi mester a bai bek den tempu lo mi a bolbe kasa ku e mesun hende.

Ami ta kere ku lo mi tin ku resa mas i laga/mira Señor obra i papia/zeur menos, duna mas elogio. Sigur lo mi konsehá un hende pa e kasa: No doubt! Basta esaki ta un desishon konsiente.

Esaki ta dos regla di oro pa un matrimonio bendishoná .(Efesionan 4:2+ Filipensenan 2:2-5): "Sea semper humilde i mansu, tene pasenshi i soportá otro ku amor".

"Awèl, hasi mi legria bira mas kompleto ainda i sea un di pensamentu, un di kurason i mente. No hasi nada pa ambishon egoista, ni buya barata, ma sea humilde i konsiderá e otro di ta mas ku bo. No fiha solamente riba boso kada un su mes interes, sino riba esun di e otro tambe. Boso mester tin e mesun aktitut ku Kristu-Hesus tabatin".

Marensio Bak

Dia mi a konosé mi esposa mi interes tabata puru di ta un amigu pe i tin un amiga mas ku lo por pone mi konosé mi mes mas mihó.

Ma konosé siendo mi tabata su superior nan Jeugd luchtvaart brigade (JLB). Semper mi a hañ`é leuk pero komo superior e último kos ta pa hañá bo mes envolví di un manera íntimo ku un aspirant kadete ku ta kai bou di bo. Pero loke bo tin di hasi anto loke bo ta sinti ta dos kos diferente. Loke ta biba den bo kurason ta mas ferfelu ainda.

Loke a yuda mi tabata ku na kuminsamentu mi no a hañá e impreshon ku e tabata interesá den mi, esei tabata sigun mi, te e dia ku nos a konfesá na otro loke nos ta sinti pa otro despues di kasi un aña di a konosé otro.

Segun tempu ta bai mas mi a konosé mas mi a enamorá di dje. Su inteligensia, su humildat, su temor pa Dios, su manera di pensa madurá, di su kurpa físiko no papia mes. Su wowo nan kolo di kòfi, su kachete bòl, su kueru kolo di karamèlè, anto ku boka ku semper tin un smail ku por kibra tur mi defensa laga mi dirti manera eis den solo.

Na momento ku mi a ripara ku mi ta enamorá di dje ma bin siña konosé Dios hopi mas.

Esaki dor ku nos tabata papia tur kos i nos tabata i asta diskutí, anto pa yega na solushon semper e tabata kue Palabra di Dios. Kual no ta tur ora mi tabata akuerdo ku n`e, anto mi ta bisé no hinka Dios den e kos. Pero mi interes tabata grandi anto ya ku mi mester a diskutí ku un mucha muhé asina sabi mi mester a sa mas di loke e tabata sa pues mi tabata sòru lesa mi beibel bon ya ami tambe por bini ku solushon ora di diskushon.

Un anochi promé ku mi a bai drumi mi a hasi un orashon. Mi a pidi Dios mi no ke un frei mi ke un kasa ku mi por kompartí mi bida ku n`e anto mi a pidié pa mi kasa ta esun pa mi, pasó si no ta é pa Dios mes kit`é for di mi hopi lihé paso mi no gusta ilushon. Dios a kontesta mi ku e versíkulo: Isaias 40:30+31 Hende hóben ta kansa i pèrdè rosea, hòmber balente ta trompeká i kai, pero esnan ku konfia den SEÑOR ta haña forsa nobo kada be;nan lo bula altu manera águila. Nan ta kore sin kansa, nan ta kana sin pèrdè rosea.

P`esei dia mi a haña chèns di bisé mi no a puntr`é pe ta mi frei ma puntr`é ku e ke kasa ku mi. Natural mente ami ta sigur di loke mi ke anto loke mi a pidi Dios. Sin sa kiko ta kiko ainda. E wikènt ei mes mi ta kere Dios a pone mi na prueba. Mi a keda di bai sirbishi ku mi kasa tabata bai ya ku su lider di hubentut (un tata spiritual di dje) tabata kier a papia ku mi personalmente.

Ma sali mainta kuartu pasa di nuebe pa mi kue bus na post 5 pa bai Brievengat paso 10or sirbishi ta kuminsá. Awèl ma warda un ora, ni un bus no a pasa. Pues mi a disidí di kana bai hòfi Jonchi kaminda e sirbishi tabata. Mi tabata tin hopi gana di laga nan sa ken mi ta anto ku mi ta serio.

Ora mi a yega sirbishi nan a risibí mi masha bon mes pone mi sinta masha leu for di mi kasa pero mi no a wòri paso simplemente wak e so tabata yena mi i laga mi sintimi den shelu. Ora ma yega sirbishi, e tabata aden kaba te e tabata serka di kaba. Ora sirbishi a kaba un amiga di mi kasa a bin bisa mi ku e lider di hubentut ke papia ku mi anto nos a bai serka dje. Ela puntra mi ken mi ta anto ki ta mi intenshonnan ku e yùfrou. Ma bisé ku mi ta serio anto ku mi ta sigur ku e lo ta mi kasa. Ela puntra mi ku mi sa kon yòn mi kasa tabata, mi di kuné mi sa. Ela puntra mi ku mi ta dispuesto na warda 8 aña anto mi a kontest`é si 8 bes 8 mes si ta nesesario.

Ora nos a kaba di papia ya ela bai kaba pero mi tabata kontentu paso henter mundu sa kiko mi ta sinti anto kiko por bai robes.

Wèl e 8 añanan a pasa anto hopi hopi pero hopi otro prueba nan a bini anto warda no tabata fásil tur bes pero Isaias 40 tabata mi fortalesa

Alfin e profesia a bin kumpli despues di 8 aña ma kasa ku mi esposa. E dia ku nos a kasa tabata manera un soño ku ta asina dushi anto bo no ke lanta for di dje. Un kos ta sigui e otro anto bo no mester a hasi práktikamente nada pa e kos kana. Nos luna de miel tabata un ègt dushi manera miel anto ma purba di ripití esaki pero ainda mi no a logra hasié mas dushi.

Regine Koeijers:
"Matrimonio ta "amazing" si bo drenta den dje ku e persona korekto sino: "you are really screwed"
(Un hoben yon i soltera.)

Isaac Kubvoruno
Esposonan: no trata bo esposa komo algu pa yag riba dje, kaptura i despues pone pa tur hende mira manera ta un trofeo e ta. Ora bo kasa ku bo esposa I bo hib`é boso hogar, esaki mester ta e promé stap pa un bida largu di sigui busk`é komo muhé. Bo a busk`é promé ku matrimonio. Bo tabata sa kon pa hala su atenshon. Bo tabata sorprendé ku regalito, flor òf piropo. Bo a impreshon`é ku bo forma di ta, bo abilidat di protehé, proveé i lucha pe. Bo a hasi tur loke ta na bo alkanse pa kombensé ku bo ke ta ku n`e. Ta e mesun muhé ku bo tin den kas awor. No stòp di busk`é, lag`é sinti su mes balorisá i speshal. Beibel ta bisa den Eklesiastes 9:9:

"Gosa bida ku e muhé ku bo ta stima tur e dianan di bo bida di banidat ku El a dunabo bou di solo; pasobra esaki ta bo rekompensa den bida i den bo trabou duru bou di solo`.

1Korintionan 12 - 20
Tin hende lo bisa: 'Ami ta liber pa hasi tur kos!' Sí, pero esei no ke men ku tur kos ta bon pa hasi. Mi por bisa ku mi tin mag di hasi tur kos, pero mi no ta bai laga nada hasi mi katibu. Otro hende lo bisa: 'Kuminda ta pa stoma i stoma pa kuminda!' Sí, pero Dios lo kaba ku tur dos. Kurpa di hende no ta pa inmoralidat seksual, ma pa Señor i Señor ta proveé pa e kurpa: manera Dios a lanta Señor fo'i morto, lo E lanta nos tambe pa medio di su poder. Boso sa ku boso kurpa ta parti di kurpa di Kristu. Awor lo mi kohe parti di Kristu su kurpa i hasié parti di un muhé di bida? Imposibel! Òf ta sa boso no sa ku esun ku uni ku un muhé di bida ta bira un kuné fisikamente? Pasobra Skritura ta bisa: 'Nan lo bira un kurpa. Esun ku uni su mes ku Señor, lo bira un kunE spiritualmente. Evitá inmoralidat seksual. Niun otro piká no ta afektá hende su kurpa, ma e hende ku ta hasi su mes kulpabel na inmoralidat, ta peka kontra su mes kurpa. Boso no sa ku boso kurpa ta tèmpel di Spiritu Santu? Dios a duna boso Spiritu Santu i Spiritu Santu ta biba den boso. Boso no ta di boso mes: Dios a kumpra boso i a paga e preis! Usa boso kurpa anto pa glorifiká Dios.

Bo ta sa ku si boso stima solamante hende ku ta stima boso, ki danki boso meresé?

Someté boso na otro pa motibu di e rèspèt ku boso tin pa Kristu.

Señoranan, someté boso na boso esposo, manera boso ta someté boso na Señor! E hòmber ta kabes di su esposa, manera Kristu ta kabes di iglesia. Tambe Kristu ta salbador di iglesia, ku ta su kurpa. Pues manera iglesia ta someté na Kristu, e muhénan tambe mester someté, sin reserva, na nan esposo.

Hòmbernan, stima boso esposa, manera Kristu a stima iglesia i a entregá su bida p`e. Esaki Kristu a hasi pa E limpia iglesia i konsagr`é na Dios pa medio di awa i su palabra. Asina El a prepará un iglesia radiante, sin mancha, ploi òf algu paresido, un iglesia santu i sin kulpa, pa E mes. Ta asin`ei hòmbernan mester stima nan esposa; nan mester stima nan manera nan ta stima nan mes kurpa, pasobra e hòmber ku ta stima su esposa, ta stima su mes! Nunka niun hende no a odia su mes kurpa; ma e ta kuid`é i aliment`é. Esei ta loke Kristu ta hasi ku su iglesia, pasobra ta su kurpa. I nos ta miembro di e kurpa ei.

Skritura ta bisa: 'P`esei un hòmber lo laga su tata i su mama pa uni ku su kasá i nan dos lo ta un.` Tin un gran bèrdat skondí den e asuntu akí i mi ta relashon`é ku iglesia.

Ma e ta konta pa boso tambe: *Kada hòmber mester stima su mes esposa manera e ta stima su mes i kada muhé mester respetá su esposo.*

Matrimonio;
Te ora morto separá nos bibando sperando
Su binida!

www.ingramcontent.com/pod-product-compliance
Lightning Source LLC
Chambersburg PA
CBHW050440010526
44118CB00013B/1616